Sommair

CW00376718

Dégustation N°	Nom et Année du vin	Note
1	....	......./ 5
2	....	......./ 5
3	....	......./ 5
4	....	......./ 5
5	....	......./ 5
6	....	......./ 5
7	....	......./ 5
8	....	......./ 5
9	....	......./ 5
10	....	......./ 5
11	....	......./ 5
12	....	......./ 5
13	....	......./ 5
14	....	......./ 5
15	....	......./ 5
16	....	......./ 5
17	....	......./ 5
18	....	......./ 5
19	....	......./ 5
20	....	......./ 5

Sommaire

Sommaire

Dégustation N°1   Date : ....

Nom du vins : ....

Année : ....   Origine : ....

Région : ....   Cépage : ....

% d'alcool : ....   Prix : ....

Corps : ....../5   Brillance : ...../5   Limpidité : ...../5

Douceur : ...../5   Attaque : ...../5   Moelleux : ...../5

Acidité : ...../5   Intensité des goûts : ...../5

Odeurs

○ Cuir   ○ Résine   ○ Muscade   ○ Cacao
○ Clou de girofle   ○ Miel   ○ Goudron   ○ Cèdre
○ Vanille   ○ Menthe   ○ Truffe   ○ Café
○ Caramel   ○ Fumé   ○ Chêne   ○ Poivre
○ Pain grillé   ○ Floral   ○ Argile   ○ Tabac
○ Champignon   ○ Cannelle   ○ Réglisse   ○ Foin
○ ....   ○ .... ○ ....○ ....

Arômes

○ Clou de girofle   ○ Vanille   ○ Floral   ○ Foin
○ Cannelle   ○ Menthe   ○ Caramel   ○ Fumé
○ Champignon   ○ Truffe   ○ Goudron   ○ Miel
○ Pain grillé   ○ Résine   ○ Argile   ○ Chêne
○ Réglisse   ○ Poivre   ○ Tabac   ○ Cèdre
○ Muscade   ○ Cuir   ○ Cacao   ○ Café
○ ....   ○ .... ○ ....○

Note : ☆ ☆ ☆ ☆ ☆

Commentaire : ....

....

....

Dégustation N°2

Date : ....

Nom du vins : ....

Année : .... Origine : ....

Région : .... Cépage : ....

% d'alcool : .... Prix : ....

Corps : ...../5   Brillance : ...../5   Limpidité : ...../5

Douceur : ...../5   Attaque : ...../5   Moelleux : ...../5

Acidité : ...../5   Intensité des goûts : ...../5

Odeurs

○ Cuir   ○ Résine   ○ Muscade   ○ Cacao
○ Clou de girofle ○ Miel   ○ Goudron   ○ Cèdre
○ Vanille   ○ Menthe   ○ Truffe   ○ Café
○ Caramel   ○ Fumé   ○ Chêne   ○ Poivre
○ Pain grillé   ○ Floral   ○ Argile   ○ Tabac
○ Champignon   ○ Cannelle   ○ Réglisse   ○ Foin
○ ....   ○ .... ○ .... ○ ....

Arômes

○ Clou de girofle ○ Vanille   ○ Floral   ○ Foin
○ Cannelle   ○ Menthe   ○ Caramel   ○ Fumé
○ Champignon   ○ Truffe   ○ Goudron   ○ Miel
○ Pain grillé   ○ Résine   ○ Argile   ○ Chêne
○ Réglisse   ○ Poivre   ○ Tabac   ○ Cèdre
○ Muscade   ○ Cuir   ○ Cacao   ○ Café
○ ....   ○ .... ○ .... ○ ....

Note : ☆ ☆ ☆ ☆ ☆

Commentaire : ....

....

....

Dégustation N°3

Date : ....

Nom du vins : ....

Année : .... Origine : ....

Région : .... Cépage : ....

% d'alcool : .... Prix : ....

Corps : ...../5   Brillance : ...../5   Limpidité : ...../5

Douceur : ...../5   Attaque : ...../5   Moelleux : ...../5

Acidité : ...../5   Intensité des goûts : ...../5

Odeurs

○ Cuir   ○ Résine   ○ Muscade   ○ Cacao
○ Clou de girofle ○ Miel   ○ Goudron   ○ Cèdre
○ Vanille   ○ Menthe   ○ Truffe   ○ Café
○ Caramel   ○ Fumé   ○ Chêne   ○ Poivre
○ Pain grillé   ○ Floral   ○ Argile   ○ Tabac
○ Champignon   ○ Cannelle   ○ Réglisse   ○ Foin
○ .... ○ .... ○ ....   ○ ....

Arômes

○ Clou de girofle ○ Vanille   ○ Floral   ○ Foin
○ Cannelle   ○ Menthe   ○ Caramel   ○ Fumé
○ Champignon   ○ Truffe   ○ Goudron   ○ Miel
○ Pain grillé   ○ Résine   ○ Argile   ○ Chêne
○ Réglisse   ○ Poivre   ○ Tabac   ○ Cèdre
○ Muscade   ○ Cuir   ○ Cacao   ○ Café
○ .... ○ .... ○ ....   ○ ....

Note : ☆ ☆ ☆ ☆ ☆

Commentaire : ....

....

....

Dégustation N°4

Nom du vins : ....

Année : .... Origine : ....

Région : .... Cépage : ....

% d'alcool : .... Prix : ....

Date : ....

Corps : ...../5   Brillance : ...../5   Limpidité : ...../5

Douceur : ...../5   Attaque : ...../5   Moelleux : ...../5

Acidité : ...../5   Intensité des goûts : ...../5

Odeurs

○ Cuir
○ Clou de girofle
○ Vanille
○ Caramel
○ Pain grillé
○ Champignon
○ ....

○ Résine
○ Miel
○ Menthe
○ Fumé
○ Floral
○ Cannelle
○ ....

○ Muscade
○ Goudron
○ Truffe
○ Chêne
○ Argile
○ Réglisse
○ ....

○ Cacao
○ Cèdre
○ Café
○ Poivre
○ Tabac
○ Foin
○ ....

Arômes

○ Clou de girofle
○ Cannelle
○ Champignon
○ Pain grillé
○ Réglisse
○ Muscade
○ ....

○ Vanille
○ Menthe
○ Truffe
○ Résine
○ Poivre
○ Cuir
○ ....

○ Floral
○ Caramel
○ Goudron
○ Argile
○ Tabac
○ Cacao
○ ....

○ Foin
○ Fumé
○ Miel
○ Chêne
○ Cèdre
○ Café

Note : ☆ ☆ ☆ ☆ ☆

Commentaire : ....

....

....

Dégustation N°5

Date : ....

Nom du vins : ....

Année : .... Origine : ....

Région : .... Cépage : ....

% d'alcool : .... Prix : ....

Corps : ...../5   Brillance : ...../5   Limpidité : ...../5

Douceur : ...../5   Attaque : ...../5   Moelleux : ...../5

Acidité : ...../5   Intensité des goûts : ...../5

Odeurs

- ○ Cuir
- ○ Clou de girofle
- ○ Vanille
- ○ Caramel
- ○ Pain grillé
- ○ Champignon
- ○ ....

- ○ Résine
- ○ Miel
- ○ Menthe
- ○ Fumé
- ○ Floral
- ○ Cannelle
- ○ ....

- ○ Muscade
- ○ Goudron
- ○ Truffe
- ○ Chêne
- ○ Argile
- ○ Réglisse
- ○ ....

- ○ Cacao
- ○ Cèdre
- ○ Café
- ○ Poivre
- ○ Tabac
- ○ Foin
- ○ ....

Arômes

- ○ Clou de girofle
- ○ Cannelle
- ○ Champignon
- ○ Pain grillé
- ○ Réglisse
- ○ Muscade
- ○ ....

- ○ Vanille
- ○ Menthe
- ○ Truffe
- ○ Résine
- ○ Poivre
- ○ Cuir
- ○ ....

- ○ Floral
- ○ Caramel
- ○ Goudron
- ○ Argile
- ○ Tabac
- ○ Cacao
- ○ ....

- ○ Foin
- ○ Fumé
- ○ Miel
- ○ Chêne
- ○ Cèdre
- ○ Café

Note : ☆ ☆ ☆ ☆ ☆

Commentaire : ....

....

....

Dégustation N°6

Date : ....

Nom du vins : ....

Année : .... Origine : ....

Région : .... Cépage : ....

% d'alcool : .... Prix : ....

Corps : ...../5 Brillance : ...../5 Limpidité : ...../5

Douceur : ...../5 Attaque : ...../5 Moelleux : ...../5

Acidité : ...../5 Intensité des goûts : ...../5

Odeurs

○ Cuir   ○ Résine   ○ Muscade   ○ Cacao
○ Clou de girofle   ○ Miel   ○ Goudron   ○ Cèdre
○ Vanille   ○ Menthe   ○ Truffe   ○ Café
○ Caramel   ○ Fumé   ○ Chêne   ○ Poivre
○ Pain grillé   ○ Floral   ○ Argile   ○ Tabac
○ Champignon   ○ Cannelle   ○ Réglisse   ○ Foin
○ ....   ○ ....   ○ .... ○ ....

Arômes

○ Clou de girofle   ○ Vanille   ○ Floral   ○ Foin
○ Cannelle   ○ Menthe   ○ Caramel   ○ Fumé
○ Champignon   ○ Truffe   ○ Goudron   ○ Miel
○ Pain grillé   ○ Résine   ○ Argile   ○ Chêne
○ Réglisse   ○ Poivre   ○ Tabac   ○ Cèdre
○ Muscade   ○ Cuir   ○ Cacao   ○ Café
○ ....   ○ ....   ○ .... ○ ....

Note : ☆ ☆ ☆ ☆ ☆

Commentaire : ....

....

....

Dégustation N°7   Date : ....

Nom du vins : ....

Année : ....   Origine : ....

Région : ....   Cépage : ....

% d'alcool : ....   Prix : ....

Corps : ...../5   Brillance : ...../5   Limpidité : ...../5

Douceur : ...../5   Attaque : ...../5   Moelleux : ...../5

Acidité : ...../5   Intensité des goûts : ...../5

Odeurs

- ◯ Cuir
- ◯ Clou de girofle
- ◯ Vanille
- ◯ Caramel
- ◯ Pain grillé
- ◯ Champignon
- ◯ ....

- ◯ Résine
- ◯ Miel
- ◯ Menthe
- ◯ Fumé
- ◯ Floral
- ◯ Cannelle
- ◯ ....

- ◯ Muscade
- ◯ Goudron
- ◯ Truffe
- ◯ Chêne
- ◯ Argile
- ◯ Réglisse
- ◯ ....

- ◯ Cacao
- ◯ Cèdre
- ◯ Café
- ◯ Poivre
- ◯ Tabac
- ◯ Foin
- ◯ ....

Arômes

- ◯ Clou de girofle
- ◯ Cannelle
- ◯ Champignon
- ◯ Pain grillé
- ◯ Réglisse
- ◯ Muscade
- ◯ ....

- ◯ Vanille
- ◯ Menthe
- ◯ Truffe
- ◯ Résine
- ◯ Poivre
- ◯ Cuir
- ◯ ....

- ◯ Floral
- ◯ Caramel
- ◯ Goudron
- ◯ Argile
- ◯ Tabac
- ◯ Cacao
- ◯

- ◯ Foin
- ◯ Fumé
- ◯ Miel
- ◯ Chêne
- ◯ Cèdre
- ◯ Café

Note : ☆ ☆ ☆ ☆ ☆

Commentaire : ....

....

....

Dégustation N°8　　　　　Date : ....

Nom du vins : ....

Année : ....　Origine : ....

Région : ....　Cépage : ....

% d'alcool : ....　Prix : ....

Corps : ...../5　　Brillance : ...../5　Limpidité : ...../5

Douceur : ...../5　Attaque : ...../5　Moelleux : ...../5

Acidité : ...../5　　　　Intensité des goûts : ...../5

Odeurs

◯ Cuir	◯ Résine	◯ Muscade	◯ Cacao
◯ Clou de girofle	◯ Miel	◯ Goudron	◯ Cèdre
◯ Vanille	◯ Menthe	◯ Truffe	◯ Café
◯ Caramel	◯ Fumé	◯ Chêne	◯ Poivre
◯ Pain grillé	◯ Floral	◯ Argile	◯ Tabac
◯ Champignon	◯ Cannelle	◯ Réglisse	◯ Foin
◯	◯	◯	◯ ....

Arômes

◯ Clou de girofle	◯ Vanille	◯ Floral	◯ Foin
◯ Cannelle	◯ Menthe	◯ Caramel	◯ Fumé
◯ Champignon	◯ Truffe	◯ Goudron	◯ Miel
◯ Pain grillé	◯ Résine	◯ Argile	◯ Chêne
◯ Réglisse	◯ Poivre	◯ Tabac	◯ Cèdre
◯ Muscade	◯ Cuir	◯ Cacao	◯ Café
◯	◯	◯	

Note : ☆ ☆ ☆ ☆ ☆

Commentaire : ....

....

....

Dégustation N°9

Date : ....

Nom du vins : ....

Année : .... Origine : ....

Région : .... Cépage : ....

% d'alcool : .... Prix : ....

Corps : ..../5   Brillance : ...../5   Limpidité : ...../5

Douceur : ...../5   Attaque : ...../5   Moelleux : ...../5

Acidité : ...../5   Intensité des goûts : ...../5

Odeurs

- ○ Cuir
- ○ Clou de girofle
- ○ Vanille
- ○ Caramel
- ○ Pain grillé
- ○ Champignon
- ○ ....

- ○ Résine
- ○ Miel
- ○ Menthe
- ○ Fumé
- ○ Floral
- ○ Cannelle
- ○ ....

- ○ Muscade
- ○ Goudron
- ○ Truffe
- ○ Chêne
- ○ Argile
- ○ Réglisse
- ○ ....

- ○ Cacao
- ○ Cèdre
- ○ Café
- ○ Poivre
- ○ Tabac
- ○ Foin
- ○ ....

Arômes

- ○ Clou de girofle
- ○ Cannelle
- ○ Champignon
- ○ Pain grillé
- ○ Réglisse
- ○ Muscade
- ○ ....

- ○ Vanille
- ○ Menthe
- ○ Truffe
- ○ Résine
- ○ Poivre
- ○ Cuir
- ○ ....

- ○ Floral
- ○ Caramel
- ○ Goudron
- ○ Argile
- ○ Tabac
- ○ Cacao
- ○ ....

- ○ Foin
- ○ Fumé
- ○ Miel
- ○ Chêne
- ○ Cèdre
- ○ Café

Note : ☆ ☆ ☆ ☆ ☆

Commentaire : ....
....
....

Dégustation N°10

Date : ....

Nom du vins : ....

Année : .... Origine : ....

Région : .... Cépage : ....

% d'alcool : .... Prix : ....

Corps : ...../5   Brillance : ...../5   Limpidité : ...../5

Douceur : ...../5   Attaque : ...../5   Moelleux : ...../5

Acidité : ...../5   Intensité des goûts : ...../5

Odeurs

○ Cuir   ○ Résine   ○ Muscade   ○ Cacao
○ Clou de girofle   ○ Miel   ○ Goudron   ○ Cèdre
○ Vanille   ○ Menthe   ○ Truffe   ○ Café
○ Caramel   ○ Fumé   ○ Chêne   ○ Poivre
○ Pain grillé   ○ Floral   ○ Argile   ○ Tabac
○ Champignon   ○ Cannelle   ○ Réglisse   ○ Foin
○ ....   ○ ....   ○ ....   ○ ....

Arômes

○ Clou de girofle   ○ Vanille   ○ Floral   ○ Foin
○ Cannelle   ○ Menthe   ○ Caramel   ○ Fumé
○ Champignon   ○ Truffe   ○ Goudron   ○ Miel
○ Pain grillé   ○ Résine   ○ Argile   ○ Chêne
○ Réglisse   ○ Poivre   ○ Tabac   ○ Cèdre
○ Muscade   ○ Cuir   ○ Cacao   ○ Café
○ ....   ○ ....   ○ ....

Note : ☆ ☆ ☆ ☆ ☆

Commentaire : ....
....
....

Dégustation N°11   Date : ....

Nom du vins : ....

Année : .... Origine : ....

Région : .... Cépage : ....

% d'alcool : .... Prix : ....

Corps : ...../5   Brillance : ...../5   Limpidité : ...../5

Douceur : ...../5   Attaque : ...../5   Moelleux : ...../5

Acidité : ...../5   Intensité des goûts : ...../5

Odeurs

◯ Cuir	◯ Résine	◯ Muscade	◯ Cacao
◯ Clou de girofle	◯ Miel	◯ Goudron	◯ Cèdre
◯ Vanille	◯ Menthe	◯ Truffe	◯ Café
◯ Caramel	◯ Fumé	◯ Chêne	◯ Poivre
◯ Pain grillé	◯ Floral	◯ Argile	◯ Tabac
◯ Champignon	◯ Cannelle	◯ Réglisse	◯ Foin
◯	◯	◯	◯ ....

Arômes

◯ Clou de girofle	◯ Vanille	◯ Floral	◯ Foin
◯ Cannelle	◯ Menthe	◯ Caramel	◯ Fumé
◯ Champignon	◯ Truffe	◯ Goudron	◯ Miel
◯ Pain grillé	◯ Résine	◯ Argile	◯ Chêne
◯ Réglisse	◯ Poivre	◯ Tabac	◯ Cèdre
◯ Muscade	◯ Cuir	◯ Cacao	◯ Café
◯	◯	◯	

Note : ☆ ☆ ☆ ☆ ☆

Commentaire : ....

....

....

Dégustation N°12　　　　Date : ....

Nom du vins : ....

Année : ....　Origine : ....

Région : ....　Cépage : ....

% d'alcool : ....　Prix : ....

Corps : ...../5　Brillance : ...../5　Limpidité : ...../5

Douceur : ...../5　Attaque : ...../5　Moelleux : ...../5

Acidité : ...../5　　　　Intensité des goûts : ...../5

Odeurs

○ Cuir
○ Clou de girofle
○ Vanille
○ Caramel
○ Pain grillé
○ Champignon
○ ....

○ Résine
○ Miel
○ Menthe
○ Fumé
○ Floral
○ Cannelle
○ ....

○ Muscade
○ Goudron
○ Truffe
○ Chêne
○ Argile
○ Réglisse
○ ....

○ Cacao
○ Cèdre
○ Café
○ Poivre
○ Tabac
○ Foin
○ ....

Arômes

○ Clou de girofle
○ Cannelle
○ Champignon
○ Pain grillé
○ Réglisse
○ Muscade
○ ....

○ Vanille
○ Menthe
○ Truffe
○ Résine
○ Poivre
○ Cuir
○ ....

○ Floral
○ Caramel
○ Goudron
○ Argile
○ Tabac
○ Cacao
○ ....

○ Foin
○ Fumé
○ Miel
○ Chêne
○ Cèdre
○ Café
○ ....

Note : ☆ ☆ ☆ ☆ ☆

Commentaire : ....

....

....

Dégustation N°13

Date : ....

Nom du vins : ....

Année : .... Origine : ....

Région : .... Cépage : ....

% d'alcool : .... Prix : ....

Corps : ...../5   Brillance : ...../5   Limpidité : ...../5

Douceur : ...../5   Attaque : ...../5   Moelleux : ...../5

Acidité : ...../5   Intensité des goûts : ...../5

Odeurs

- ○ Cuir
- ○ Clou de girofle
- ○ Vanille
- ○ Caramel
- ○ Pain grillé
- ○ Champignon
- ○ ....

- ○ Résine
- ○ Miel
- ○ Menthe
- ○ Fumé
- ○ Floral
- ○ Cannelle
- ○ ....

- ○ Muscade
- ○ Goudron
- ○ Truffe
- ○ Chêne
- ○ Argile
- ○ Réglisse
- ○ ....

- ○ Cacao
- ○ Cèdre
- ○ Café
- ○ Poivre
- ○ Tabac
- ○ Foin
- ○ ....

Arômes

- ○ Clou de girofle
- ○ Cannelle
- ○ Champignon
- ○ Pain grillé
- ○ Réglisse
- ○ Muscade
- ○ ....

- ○ Vanille
- ○ Menthe
- ○ Truffe
- ○ Résine
- ○ Poivre
- ○ Cuir
- ○ ....

- ○ Floral
- ○ Caramel
- ○ Goudron
- ○ Argile
- ○ Tabac
- ○ Cacao
- ○ ....

- ○ Foin
- ○ Fumé
- ○ Miel
- ○ Chêne
- ○ Cèdre
- ○ Café

Note : ☆ ☆ ☆ ☆ ☆

Commentaire : ....

....

....

Dégustation N°14

Nom du vins : ....

Date : ....

Année : .... Origine : ....

Région : .... Cépage : ....

% d'alcool : .... Prix : ....

Corps : ...../5 Brillance : ...../5 Limpidité : ...../5

Douceur : ...../5 Attaque : ...../5 Moelleux : ...../5

Acidité : ...../5 Intensité des goûts : ...../5

Odeurs

○ Cuir ○ Résine ○ Muscade ○ Cacao
○ Clou de girofle ○ Miel ○ Goudron ○ Cèdre
○ Vanille ○ Menthe ○ Truffe ○ Café
○ Caramel ○ Fumé ○ Chêne ○ Poivre
○ Pain grillé ○ Floral ○ Argile ○ Tabac
○ Champignon ○ Cannelle ○ Réglisse ○ Foin
○ .... ○ .... ○ .... ○ ....

Arômes

○ Clou de girofle ○ Vanille ○ Floral ○ Foin
○ Cannelle ○ Menthe ○ Caramel ○ Fumé
○ Champignon ○ Truffe ○ Goudron ○ Miel
○ Pain grillé ○ Résine ○ Argile ○ Chêne
○ Réglisse ○ Poivre ○ Tabac ○ Cèdre
○ Muscade ○ Cuir ○ Cacao ○ Café
○ .... ○ .... ○ ....

Note : ☆ ☆ ☆ ☆ ☆

Commentaire : ....
....
....

Dégustation N°15

Date : ....

Nom du vins : ....

Année : .... Origine : ....

Région : .... Cépage : ....

% d'alcool : .... Prix : ....

Corps : ...../5   Brillance : ...../5   Limpidité : ...../5

Douceur : ...../5   Attaque : ...../5   Moelleux : ...../5

Acidité : ...../5   Intensité des goûts : ...../5

Odeurs

○ Cuir
○ Clou de girofle
○ Vanille
○ Caramel
○ Pain grillé
○ Champignon
○ ....

○ Résine
○ Miel
○ Menthe
○ Fumé
○ Floral
○ Cannelle
○ ....

○ Muscade
○ Goudron
○ Truffe
○ Chêne
○ Argile
○ Réglisse
○ ....

○ Cacao
○ Cèdre
○ Café
○ Poivre
○ Tabac
○ Foin
○ ....

Arômes

○ Clou de girofle
○ Cannelle
○ Champignon
○ Pain grillé
○ Réglisse
○ Muscade
○ ....

○ Vanille
○ Menthe
○ Truffe
○ Résine
○ Poivre
○ Cuir
○ ....

○ Floral
○ Caramel
○ Goudron
○ Argile
○ Tabac
○ Cacao
○ ....

○ Foin
○ Fumé
○ Miel
○ Chêne
○ Cèdre
○ Café

Note : ☆ ☆ ☆ ☆ ☆

Commentaire : ....

....

....

Dégustation N°16

Date : ....

Nom du vins : ....

Année : .... Origine : ....

Région : .... Cépage : ....

% d'alcool : .... Prix : ....

Corps : ...../5 Brillance : ...../5 Limpidité : ...../5

Douceur : ...../5 Attaque : ...../5 Moelleux : ...../5

Acidité : ...../5 Intensité des goûts : ...../5

Odeurs

- Cuir
- Clou de girofle
- Vanille
- Caramel
- Pain grillé
- Champignon
- ....

- Résine
- Miel
- Menthe
- Fumé
- Floral
- Cannelle
- ....

- Muscade
- Goudron
- Truffe
- Chêne
- Argile
- Réglisse
- ....

- Cacao
- Cèdre
- Café
- Poivre
- Tabac
- Foin
- ....

Arômes

- Clou de girofle
- Cannelle
- Champignon
- Pain grillé
- Réglisse
- Muscade
- ....

- Vanille
- Menthe
- Truffe
- Résine
- Poivre
- Cuir
- ....

- Floral
- Caramel
- Goudron
- Argile
- Tabac
- Cacao
- ....

- Foin
- Fumé
- Miel
- Chêne
- Cèdre
- Café

Note : ☆ ☆ ☆ ☆ ☆

Commentaire : ....
....
....

Dégustation N°17

Date : ....

Nom du vins : ....

Année : .... Origine : ....

Région : .... Cépage : ....

% d'alcool : .... Prix : ....

Corps : ...../5 Brillance : ...../5 Limpidité : ...../5

Douceur : ...../5 Attaque : ...../5 Moelleux : ...../5

Acidité : ...../5 Intensité des goûts : ...../5

Odeurs

- ○ Cuir
- ○ Clou de girofle
- ○ Vanille
- ○ Caramel
- ○ Pain grillé
- ○ Champignon
- ○ ....

- ○ Résine
- ○ Miel
- ○ Menthe
- ○ Fumé
- ○ Floral
- ○ Cannelle
- ○ ....

- ○ Muscade
- ○ Goudron
- ○ Truffe
- ○ Chêne
- ○ Argile
- ○ Réglisse
- ○ ....

- ○ Cacao
- ○ Cèdre
- ○ Café
- ○ Poivre
- ○ Tabac
- ○ Foin
- ○ ....

Arômes

- ○ Clou de girofle
- ○ Cannelle
- ○ Champignon
- ○ Pain grillé
- ○ Réglisse
- ○ Muscade
- ○ ....

- ○ Vanille
- ○ Menthe
- ○ Truffe
- ○ Résine
- ○ Poivre
- ○ Cuir
- ○ ....

- ○ Floral
- ○ Caramel
- ○ Goudron
- ○ Argile
- ○ Tabac
- ○ Cacao
- ○ ....

- ○ Foin
- ○ Fumé
- ○ Miel
- ○ Chêne
- ○ Cèdre
- ○ Café

Note : ☆ ☆ ☆ ☆ ☆

Commentaire : ....

....

....

Dégustation N°18   Date : ....

Nom du vins : ....

Année : .... Origine : ....

Région : .... Cépage : ....

% d'alcool : .... Prix : ....

Corps : ...../5   Brillance : ...../5   Limpidité : ...../5

Douceur : ...../5   Attaque : ...../5   Moelleux : ...../5

Acidité : ...../5   Intensité des goûts : ...../5

Odeurs

◯ Cuir   ◯ Résine   ◯ Muscade   ◯ Cacao
◯ Clou de girofle ◯ Miel   ◯ Goudron   ◯ Cèdre
◯ Vanille   ◯ Menthe   ◯ Truffe   ◯ Café
◯ Caramel   ◯ Fumé   ◯ Chêne   ◯ Poivre
◯ Pain grillé   ◯ Floral   ◯ Argile   ◯ Tabac
◯ Champignon   ◯ Cannelle   ◯ Réglisse   ◯ Foin
◯ ....   ◯ .... ◯ .... ◯ ....

Arômes

◯ Clou de girofle ◯ Vanille   ◯ Floral   ◯ Foin
◯ Cannelle   ◯ Menthe   ◯ Caramel   ◯ Fumé
◯ Champignon   ◯ Truffe   ◯ Goudron   ◯ Miel
◯ Pain grillé   ◯ Résine   ◯ Argile   ◯ Chêne
◯ Réglisse   ◯ Poivre   ◯ Tabac   ◯ Cèdre
◯ Muscade   ◯ Cuir   ◯ Cacao   ◯ Café
◯ ....   ◯ .... ◯ .... ◯ ....

Note : ☆ ☆ ☆ ☆ ☆

Commentaire : ....
....
....

Dégustation N°19

Date : ....

Nom du vins : ....

Année : .... Origine : ....

Région : .... Cépage : ....

% d'alcool : .... Prix : ....

Corps : ...../5 Brillance : ...../5 Limpidité : ...../5

Douceur : ...../5 Attaque : ...../5 Moelleux : ...../5

Acidité : ...../5 Intensité des goûts : ...../5

Odeurs

- ○ Cuir
- ○ Clou de girofle
- ○ Vanille
- ○ Caramel
- ○ Pain grillé
- ○ Champignon
- ○ ....

- ○ Résine
- ○ Miel
- ○ Menthe
- ○ Fumé
- ○ Floral
- ○ Cannelle
- ○ ....

- ○ Muscade
- ○ Goudron
- ○ Truffe
- ○ Chêne
- ○ Argile
- ○ Réglisse
- ○ ....

- ○ Cacao
- ○ Cèdre
- ○ Café
- ○ Poivre
- ○ Tabac
- ○ Foin
- ○ ....

Arômes

- ○ Clou de girofle
- ○ Cannelle
- ○ Champignon
- ○ Pain grillé
- ○ Réglisse
- ○ Muscade
- ○ ....

- ○ Vanille
- ○ Menthe
- ○ Truffe
- ○ Résine
- ○ Poivre
- ○ Cuir
- ○ ....

- ○ Floral
- ○ Caramel
- ○ Goudron
- ○ Argile
- ○ Tabac
- ○ Cacao
- ○ ....

- ○ Foin
- ○ Fumé
- ○ Miel
- ○ Chêne
- ○ Cèdre
- ○ Café
- ○ ....

Note : ☆ ☆ ☆ ☆ ☆

Commentaire : ....

....

....

Dégustation N°20   Date : ....

Nom du vins : ....

Année : .... Origine : ....

Région : .... Cépage : ....

% d'alcool : .... Prix : ....

Corps : ...... /5   Brillance : ..... /5   Limpidité : ..... /5

Douceur : ..... /5   Attaque : ..... /5   Moelleux : ..... /5

Acidité : ..... /5   Intensité des goûts : ..... /5

Odeurs

○ Cuir   ○ Résine   ○ Muscade   ○ Cacao
○ Clou de girofle   ○ Miel   ○ Goudron   ○ Cèdre
○ Vanille   ○ Menthe   ○ Truffe   ○ Café
○ Caramel   ○ Fumé   ○ Chêne   ○ Poivre
○ Pain grillé   ○ Floral   ○ Argile   ○ Tabac
○ Champignon   ○ Cannelle   ○ Réglisse   ○ Foin
○ ....   ○ .... ○ .... ○ ....

Arômes

○ Clou de girofle   ○ Vanille   ○ Floral   ○ Foin
○ Cannelle   ○ Menthe   ○ Caramel   ○ Fumé
○ Champignon   ○ Truffe   ○ Goudron   ○ Miel
○ Pain grillé   ○ Résine   ○ Argile   ○ Chêne
○ Réglisse   ○ Poivre   ○ Tabac   ○ Cèdre
○ Muscade   ○ Cuir   ○ Cacao   ○ Café
○ ....   ○ .... ○ .... ○ ....

Note : ☆ ☆ ☆ ☆ ☆

Commentaire : ....

....

....

Dégustation N°21

Date : ....

Nom du vins : ....

Année : .... Origine : ....

Région : .... Cépage : ....

% d'alcool : .... Prix : ....

Corps : ...../5 Brillance : ...../5 Limpidité : ...../5

Douceur : ...../5 Attaque : ...../5 Moelleux : ...../5

Acidité : ...../5 Intensité des goûts : ...../5

Odeurs

- ◯ Cuir
- ◯ Clou de girofle
- ◯ Vanille
- ◯ Caramel
- ◯ Pain grillé
- ◯ Champignon
- ◯ ....

- ◯ Résine
- ◯ Miel
- ◯ Menthe
- ◯ Fumé
- ◯ Floral
- ◯ Cannelle
- ◯ ....

- ◯ Muscade
- ◯ Goudron
- ◯ Truffe
- ◯ Chêne
- ◯ Argile
- ◯ Réglisse
- ◯ ....

- ◯ Cacao
- ◯ Cèdre
- ◯ Café
- ◯ Poivre
- ◯ Tabac
- ◯ Foin
- ◯ ....

Arômes

- ◯ Clou de girofle
- ◯ Cannelle
- ◯ Champignon
- ◯ Pain grillé
- ◯ Réglisse
- ◯ Muscade
- ◯ ....

- ◯ Vanille
- ◯ Menthe
- ◯ Truffe
- ◯ Résine
- ◯ Poivre
- ◯ Cuir
- ◯ ....

- ◯ Floral
- ◯ Caramel
- ◯ Goudron
- ◯ Argile
- ◯ Tabac
- ◯ Cacao
- ◯

- ◯ Foin
- ◯ Fumé
- ◯ Miel
- ◯ Chêne
- ◯ Cèdre
- ◯ Café
- ....

Note : ☆ ☆ ☆ ☆ ☆

Commentaire : ....
....
....

Dégustation N°22

Date : ....

Nom du vins : ....

Année : .... Origine : ....

Région : .... Cépage : ....

% d'alcool : .... Prix : ....

Corps : ...../5   Brillance : ...../5   Limpidité : ...../5

Douceur : ...../5   Attaque : ...../5   Moelleux : ...../5

Acidité : ...../5   Intensité des goûts : ...../5

Odeurs

- ○ Cuir
- ○ Clou de girofle
- ○ Vanille
- ○ Caramel
- ○ Pain grillé
- ○ Champignon
- ○ ....

- ○ Résine
- ○ Miel
- ○ Menthe
- ○ Fumé
- ○ Floral
- ○ Cannelle
- ○ ....

- ○ Muscade
- ○ Goudron
- ○ Truffe
- ○ Chêne
- ○ Argile
- ○ Réglisse
- ○ ....

- ○ Cacao
- ○ Cèdre
- ○ Café
- ○ Poivre
- ○ Tabac
- ○ Foin
- ○ ....

Arômes

- ○ Clou de girofle
- ○ Cannelle
- ○ Champignon
- ○ Pain grillé
- ○ Réglisse
- ○ Muscade
- ○ ....

- ○ Vanille
- ○ Menthe
- ○ Truffe
- ○ Résine
- ○ Poivre
- ○ Cuir
- ○ ....

- ○ Floral
- ○ Caramel
- ○ Goudron
- ○ Argile
- ○ Tabac
- ○ Cacao
- ○ ....

- ○ Foin
- ○ Fumé
- ○ Miel
- ○ Chêne
- ○ Cèdre
- ○ Café

Note : ☆ ☆ ☆ ☆ ☆

Commentaire : ....

....

....

Dégustation N°23

Date : ....

Nom du vins : ....

Année : .... Origine : ....

Région : .... Cépage : ....

% d'alcool : .... Prix : ....

Corps : ...../5 Brillance : ...../5 Limpidité : ...../5

Douceur : ...../5 Attaque : ...../5 Moelleux : ...../5

Acidité : ...../5 Intensité des goûts : ...../5

Odeurs

- ○ Cuir
- ○ Clou de girofle
- ○ Vanille
- ○ Caramel
- ○ Pain grillé
- ○ Champignon
- ○ ....

- ○ Résine
- ○ Miel
- ○ Menthe
- ○ Fumé
- ○ Floral
- ○ Cannelle
- ○ ....

- ○ Muscade
- ○ Goudron
- ○ Truffe
- ○ Chêne
- ○ Argile
- ○ Réglisse
- ○ ....

- ○ Cacao
- ○ Cèdre
- ○ Café
- ○ Poivre
- ○ Tabac
- ○ Foin
- ○ ....

Arômes

- ○ Clou de girofle
- ○ Cannelle
- ○ Champignon
- ○ Pain grillé
- ○ Réglisse
- ○ Muscade
- ○ ....

- ○ Vanille
- ○ Menthe
- ○ Truffe
- ○ Résine
- ○ Poivre
- ○ Cuir
- ○ ....

- ○ Floral
- ○ Caramel
- ○ Goudron
- ○ Argile
- ○ Tabac
- ○ Cacao
- ○ ....

- ○ Foin
- ○ Fumé
- ○ Miel
- ○ Chêne
- ○ Cèdre
- ○ Café

Note : ☆ ☆ ☆ ☆ ☆

Commentaire : ....

....

....

Dégustation N°24

Date : ....

Nom du vins : ....

Année : .... Origine : ....

Région : .... Cépage : ....

% d'alcool : .... Prix : ....

Corps : ...../5   Brillance : ...../5   Limpidité : ...../5

Douceur : ...../5   Attaque : ...../5   Moelleux : ...../5

Acidité : ...../5   Intensité des goûts : ...../5

Odeurs

○ Cuir   ○ Résine   ○ Muscade   ○ Cacao
○ Clou de girofle ○ Miel   ○ Goudron   ○ Cèdre
○ Vanille   ○ Menthe   ○ Truffe   ○ Café
○ Caramel   ○ Fumé   ○ Chêne   ○ Poivre
○ Pain grillé   ○ Floral   ○ Argile   ○ Tabac
○ Champignon   ○ Cannelle   ○ Réglisse   ○ Foin
○ .... ○ .... ○ .... ○ ....

Arômes

○ Clou de girofle ○ Vanille   ○ Floral   ○ Foin
○ Cannelle   ○ Menthe   ○ Caramel   ○ Fumé
○ Champignon   ○ Truffe   ○ Goudron   ○ Miel
○ Pain grillé   ○ Résine   ○ Argile   ○ Chêne
○ Réglisse   ○ Poivre   ○ Tabac   ○ Cèdre
○ Muscade   ○ Cuir   ○ Cacao   ○ Café
○ .... ○ .... ○ .... ○

Note : ☆ ☆ ☆ ☆ ☆

Commentaire : ....
....
....

Dégustation N°25

Date : ....

Nom du vins : ....

Année : .... Origine : ....

Région : .... Cépage : ....

% d'alcool : .... Prix : ....

Corps : ...../5   Brillance : ...../5   Limpidité : ...../5

Douceur : ...../5   Attaque : ...../5   Moelleux : ...../5

Acidité : ...../5   Intensité des goûts : ...../5

Odeurs

- ○ Cuir
- ○ Clou de girofle
- ○ Vanille
- ○ Caramel
- ○ Pain grillé
- ○ Champignon
- ○ ....

- ○ Résine
- ○ Miel
- ○ Menthe
- ○ Fumé
- ○ Floral
- ○ Cannelle
- ○ ....

- ○ Muscade
- ○ Goudron
- ○ Truffe
- ○ Chêne
- ○ Argile
- ○ Réglisse
- ○ ....

- ○ Cacao
- ○ Cèdre
- ○ Café
- ○ Poivre
- ○ Tabac
- ○ Foin
- ○ ....

Arômes

- ○ Clou de girofle
- ○ Cannelle
- ○ Champignon
- ○ Pain grillé
- ○ Réglisse
- ○ Muscade
- ○ ....

- ○ Vanille
- ○ Menthe
- ○ Truffe
- ○ Résine
- ○ Poivre
- ○ Cuir
- ○ ....

- ○ Floral
- ○ Caramel
- ○ Goudron
- ○ Argile
- ○ Tabac
- ○ Cacao
- ○ ......

- ○ Foin
- ○ Fumé
- ○ Miel
- ○ Chêne
- ○ Cèdre
- ○ Café

Note : ☆ ☆ ☆ ☆ ☆

Commentaire : ....

....

....

Dégustation N°26　　　　Date : ....

Nom du vins : ....

Année : ....　Origine : ....

Région : ....　Cépage : ....

% d'alcool : ....　Prix : ....

Corps : ...../5　　Brillance : ...../5　Limpidité : ...../5

Douceur : ...../5　Attaque : ...../5　Moelleux : ...../5

Acidité : ...../5　　　　Intensité des goûts : ...../5

Odeurs

○ Cuir
○ Clou de girofle
○ Vanille
○ Caramel
○ Pain grillé
○ Champignon
○ ....

○ Résine
○ Miel
○ Menthe
○ Fumé
○ Floral
○ Cannelle
○ ....

○ Muscade
○ Goudron
○ Truffe
○ Chêne
○ Argile
○ Réglisse
○ ....

○ Cacao
○ Cèdre
○ Café
○ Poivre
○ Tabac
○ Foin
○ ....

Arômes

○ Clou de girofle
○ Cannelle
○ Champignon
○ Pain grillé
○ Réglisse
○ Muscade
○ ....

○ Vanille
○ Menthe
○ Truffe
○ Résine
○ Poivre
○ Cuir
○ ....

○ Floral
○ Caramel
○ Goudron
○ Argile
○ Tabac
○ Cacao
○ ....

○ Foin
○ Fumé
○ Miel
○ Chêne
○ Cèdre
○ Café
○ ....

Note : ☆ ☆ ☆ ☆ ☆

Commentaire : ....
....
....

Dégustation N°27

Date : ....

Nom du vins : ....

Année : .... Origine : ....

Région : .... Cépage : ....

% d'alcool : .... Prix : ....

Corps : ...../5   Brillance : ...../5   Limpidité : ...../5

Douceur : ...../5   Attaque : ...../5   Moelleux : ...../5

Acidité : ...../5   Intensité des goûts : ...../5

Odeurs

- ◯ Cuir
- ◯ Clou de girofle
- ◯ Vanille
- ◯ Caramel
- ◯ Pain grillé
- ◯ Champignon
- ◯ ....

- ◯ Résine
- ◯ Miel
- ◯ Menthe
- ◯ Fumé
- ◯ Floral
- ◯ Cannelle
- ◯ ....

- ◯ Muscade
- ◯ Goudron
- ◯ Truffe
- ◯ Chêne
- ◯ Argile
- ◯ Réglisse
- ◯ ....

- ◯ Cacao
- ◯ Cèdre
- ◯ Café
- ◯ Poivre
- ◯ Tabac
- ◯ Foin
- ◯ ....

Arômes

- ◯ Clou de girofle
- ◯ Cannelle
- ◯ Champignon
- ◯ Pain grillé
- ◯ Réglisse
- ◯ Muscade
- ◯ ....

- ◯ Vanille
- ◯ Menthe
- ◯ Truffe
- ◯ Résine
- ◯ Poivre
- ◯ Cuir
- ◯ ....

- ◯ Floral
- ◯ Caramel
- ◯ Goudron
- ◯ Argile
- ◯ Tabac
- ◯ Cacao
- ◯ ....

- ◯ Foin
- ◯ Fumé
- ◯ Miel
- ◯ Chêne
- ◯ Cèdre
- ◯ **Café**
- ◯ ....

Note : ☆ ☆ ☆ ☆ ☆

Commentaire : ....

....

....

Dégustation N°28   Date : ....

Nom du vins : ....

Année : .... Origine : ....

Région : .... Cépage : ....

% d'alcool : .... Prix : ....

Corps : ...../5   Brillance : ...../5   Limpidité : ...../5

Douceur : ...../5   Attaque : ...../5   Moelleux : ...../5

Acidité : ...../5   Intensité des goûts : ...../5

Odeurs

○ Cuir   ○ Résine   ○ Muscade   ○ Cacao
○ Clou de girofle   ○ Miel   ○ Goudron   ○ Cèdre
○ Vanille   ○ Menthe   ○ Truffe   ○ Café
○ Caramel   ○ Fumé   ○ Chêne   ○ Poivre
○ Pain grillé   ○ Floral   ○ Argile   ○ Tabac
○ Champignon   ○ Cannelle   ○ Réglisse   ○ Foin
○ ....   ○ ....   ○ ....   ○ ....

Arômes

○ Clou de girofle   ○ Vanille   ○ Floral   ○ Foin
○ Cannelle   ○ Menthe   ○ Caramel   ○ Fumé
○ Champignon   ○ Truffe   ○ Goudron   ○ Miel
○ Pain grillé   ○ Résine   ○ Argile   ○ Chêne
○ Réglisse   ○ Poivre   ○ Tabac   ○ Cèdre
○ Muscade   ○ Cuir   ○ Cacao   ○ Café
○ ....   ○ ....   ○ ....   ○ ....

Note : ☆ ☆ ☆ ☆ ☆

Commentaire : ....

....

....

Dégustation N°29

Date : ....

Nom du vins : ....

Année : .... Origine : ....

Région : .... Cépage : ....

% d'alcool : .... Prix : ....

Corps : ...../5 Brillance : ...../5 Limpidité : ...../5

Douceur : ...../5 Attaque : ...../5 Moelleux : ...../5

Acidité : ...../5 Intensité des goûts : ...../5

Odeurs

○ Cuir ○ Résine ○ Muscade ○ Cacao
○ Clou de girofle ○ Miel ○ Goudron ○ Cèdre
○ Vanille ○ Menthe ○ Truffe ○ Café
○ Caramel ○ Fumé ○ Chêne ○ Poivre
○ Pain grillé ○ Floral ○ Argile ○ Tabac
○ Champignon ○ Cannelle ○ Réglisse ○ Foin
○ .... ○ .... ○ .... ○ ....

Arômes

○ Clou de girofle ○ Vanille ○ Floral ○ Foin
○ Cannelle ○ Menthe ○ Caramel ○ Fumé
○ Champignon ○ Truffe ○ Goudron ○ Miel
○ Pain grillé ○ Résine ○ Argile ○ Chêne
○ Réglisse ○ Poivre ○ Tabac ○ Cèdre
○ Muscade ○ Cuir ○ Cacao ○ Café
○ .... ○ .... ○ .... ○ ....

Note : ☆ ☆ ☆ ☆ ☆

Commentaire : ....
....
....

Dégustation N°30　　　　Date : ....

Nom du vins : ....

Année : ....　Origine : ....

Région : ....　Cépage : ....

% d'alcool : ....　Prix : ....

Corps : ...../5　　Brillance : ...../5　Limpidité : ...../5

Douceur : ...../5　Attaque : ...../5　Moelleux : ...../5

Acidité : ...../5　　　　Intensité des goûts : ...../5

Odeurs

○ Cuir
○ Clou de girofle
○ Vanille
○ Caramel
○ Pain grillé
○ Champignon
○ ....

○ Résine
○ Miel
○ Menthe
○ Fumé
○ Floral
○ Cannelle
○ ....

○ Muscade
○ Goudron
○ Truffe
○ Chêne
○ Argile
○ Réglisse
○ ....

○ Cacao
○ Cèdre
○ Café
○ Poivre
○ Tabac
○ Foin
○ ....

Arômes

○ Clou de girofle
○ Cannelle
○ Champignon
○ Pain grillé
○ Réglisse
○ Muscade
○ ....

○ Vanille
○ Menthe
○ Truffe
○ Résine
○ Poivre
○ Cuir
○ ....

○ Floral
○ Caramel
○ Goudron
○ Argile
○ Tabac
○ Cacao
○ ....

○ Foin
○ Fumé
○ Miel
○ Chêne
○ Cèdre
○ Café

Note : ☆ ☆ ☆ ☆ ☆

Commentaire : ....
....
....

Dégustation N°31

Date : ....

Nom du vins : ....

Année : .... Origine : ....

Région : .... Cépage : ....

% d'alcool : .... Prix : ....

Corps : ...../5 Brillance : ...../5 Limpidité : ...../5

Douceur : ...../5 Attaque : ...../5 Moelleux : ...../5

Acidité : ...../5 Intensité des goûts : ...../5

Odeurs

- ◯ Cuir
- ◯ Clou de girofle
- ◯ Vanille
- ◯ Caramel
- ◯ Pain grillé
- ◯ Champignon
- ◯ ....

- ◯ Résine
- ◯ Miel
- ◯ Menthe
- ◯ Fumé
- ◯ Floral
- ◯ Cannelle
- ◯ ....

- ◯ Muscade
- ◯ Goudron
- ◯ Truffe
- ◯ Chêne
- ◯ Argile
- ◯ Réglisse
- ◯ ....

- ◯ Cacao
- ◯ Cèdre
- ◯ Café
- ◯ Poivre
- ◯ Tabac
- ◯ Foin
- ◯ ....

Arômes

- ◯ Clou de girofle
- ◯ Cannelle
- ◯ Champignon
- ◯ Pain grillé
- ◯ Réglisse
- ◯ Muscade
- ◯ ....

- ◯ Vanille
- ◯ Menthe
- ◯ Truffe
- ◯ Résine
- ◯ Poivre
- ◯ Cuir
- ◯ ....

- ◯ Floral
- ◯ Caramel
- ◯ Goudron
- ◯ Argile
- ◯ Tabac
- ◯ Cacao
- ◯ ....

- ◯ Foin
- ◯ Fumé
- ◯ Miel
- ◯ Chêne
- ◯ Cèdre
- ◯ Café
- ◯

Note : ☆ ☆ ☆ ☆ ☆

Commentaire : ....

....

....

Dégustation N°32   Date : ....

Nom du vins : ....

Année : .... Origine : ....

Région : .... Cépage : ....

% d'alcool : .... Prix : ....

Corps : ...../5   Brillance : ...../5 Limpidité : ...../5

Douceur : ...../5   Attaque : ...../5   Moelleux : ...../5

Acidité : ...../5   Intensité des goûts : ...../5

Odeurs

○ Cuir   ○ Résine   ○ Muscade   ○ Cacao
○ Clou de girofle   ○ Miel   ○ Goudron   ○ Cèdre
○ Vanille   ○ Menthe   ○ Truffe   ○ Café
○ Caramel   ○ Fumé   ○ Chêne   ○ Poivre
○ Pain grillé   ○ Floral   ○ Argile   ○ Tabac
○ Champignon   ○ Cannelle   ○ Réglisse   ○ Foin
○ .... ○ .... ○ .... ○ ....

Arômes

○ Clou de girofle   ○ Vanille   ○ Floral   ○ Foin
○ Cannelle   ○ Menthe   ○ Caramel   ○ Fumé
○ Champignon   ○ Truffe   ○ Goudron   ○ Miel
○ Pain grillé   ○ Résine   ○ Argile   ○ Chêne
○ Réglisse   ○ Poivre   ○ Tabac   ○ Cèdre
○ Muscade   ○ Cuir   ○ Cacao   ○ Café
○ .... ○ .... ○ .... ○ ....

Note : ☆ ☆ ☆ ☆ ☆

Commentaire : ....
....
....

Dégustation N°33

Date : ....

Nom du vins : ....

Année : .... Origine : ....

Région : .... Cépage : ....

% d'alcool : .... Prix : ....

Corps : ...../5   Brillance : ...../5   Limpidité : ...../5

Douceur : ...../5   Attaque : ...../5   Moelleux : ...../5

Acidité : ...../5   Intensité des goûts : ...../5

Odeurs

- ○ Cuir
- ○ Clou de girofle
- ○ Vanille
- ○ Caramel
- ○ Pain grillé
- ○ Champignon
- ○ ....

- ○ Résine
- ○ Miel
- ○ Menthe
- ○ Fumé
- ○ Floral
- ○ Cannelle
- ○ ....

- ○ Muscade
- ○ Goudron
- ○ Truffe
- ○ Chêne
- ○ Argile
- ○ Réglisse
- ○ ....

- ○ Cacao
- ○ Cèdre
- ○ Café
- ○ Poivre
- ○ Tabac
- ○ Foin
- ○ ....

Arômes

- ○ Clou de girofle
- ○ Cannelle
- ○ Champignon
- ○ Pain grillé
- ○ Réglisse
- ○ Muscade
- ○ ....

- ○ Vanille
- ○ Menthe
- ○ Truffe
- ○ Résine
- ○ Poivre
- ○ Cuir
- ○ ....

- ○ Floral
- ○ Caramel
- ○ Goudron
- ○ Argile
- ○ Tabac
- ○ Cacao
- ○ ....

- ○ Foin
- ○ Fumé
- ○ Miel
- ○ Chêne
- ○ Cèdre
- ○ Café
- ○

Note : ☆ ☆ ☆ ☆ ☆

Commentaire : ....
....
....

Dégustation N°34   Date : ....

Nom du vins : ....

Année : ....   Origine : ....

Région : ....   Cépage : ....

% d'alcool : ....   Prix : ....

Corps : ...../5   Brillance : ...../5   Limpidité : ...../5

Douceur : ...../5   Attaque : ...../5   Moelleux : ...../5

Acidité : ...../5   Intensité des goûts : ...../5

Odeurs

- ◯ Cuir
- ◯ Clou de girofle
- ◯ Vanille
- ◯ Caramel
- ◯ Pain grillé
- ◯ Champignon
- ◯ ....

- ◯ Résine
- ◯ Miel
- ◯ Menthe
- ◯ Fumé
- ◯ Floral
- ◯ Cannelle
- ◯ ....

- ◯ Muscade
- ◯ Goudron
- ◯ Truffe
- ◯ Chêne
- ◯ Argile
- ◯ Réglisse
- ◯ ....

- ◯ Cacao
- ◯ Cèdre
- ◯ Café
- ◯ Poivre
- ◯ Tabac
- ◯ Foin
- ◯ ....

Arômes

- ◯ Clou de girofle
- ◯ Cannelle
- ◯ Champignon
- ◯ Pain grillé
- ◯ Réglisse
- ◯ Muscade
- ◯ ....

- ◯ Vanille
- ◯ Menthe
- ◯ Truffe
- ◯ Résine
- ◯ Poivre
- ◯ Cuir
- ◯ ....

- ◯ Floral
- ◯ Caramel
- ◯ Goudron
- ◯ Argile
- ◯ Tabac
- ◯ Cacao
- ◯ ....

- ◯ Foin
- ◯ Fumé
- ◯ Miel
- ◯ Chêne
- ◯ Cèdre
- ◯ **Café**

Note : ☆ ☆ ☆ ☆ ☆

Commentaire : ....

....

....

Dégustation N°35   Date : ....

Nom du vins : ....
....

Année : ....   Origine : ....

Région : ....   Cépage : ....

% d'alcool : ....   Prix : ....

Corps : ...../5   Brillance : ...../5   Limpidité : ...../5

Douceur : ...../5   Attaque : ...../5   Moelleux : ...../5

Acidité : ...../5   Intensité des goûts : ...../5

Odeurs

○ Cuir   ○ Résine   ○ Muscade   ○ Cacao
○ Clou de girofle   ○ Miel   ○ Goudron   ○ Cèdre
○ Vanille   ○ Menthe   ○ Truffe   ○ Café
○ Caramel   ○ Fumé   ○ Chêne   ○ Poivre
○ Pain grillé   ○ Floral   ○ Argile   ○ Tabac
○ Champignon   ○ Cannelle   ○ Réglisse   ○ Foin
○ ....   ○ .... ○ .... ○ ....

Arômes

○ Clou de girofle   ○ Vanille   ○ Floral   ○ Foin
○ Cannelle   ○ Menthe   ○ Caramel   ○ Fumé
○ Champignon   ○ Truffe   ○ Goudron   ○ Miel
○ Pain grillé   ○ Résine   ○ Argile   ○ Chêne
○ Réglisse   ○ Poivre   ○ Tabac   ○ Cèdre
○ Muscade   ○ Cuir   ○ Cacao   ○ Café
○ ....   ○ .... ○ .... ○ ....

Note : ☆ ☆ ☆ ☆ ☆

Commentaire : ....
....
....

Dégustation N°36

Date : ....

Nom du vins : ....

Année : .... Origine : ....

Région : .... Cépage : ....

% d'alcool : .... Prix : ....

Corps : ...../5 Brillance : ...../5 Limpidité : ...../5

Douceur : ...../5 Attaque : ...../5 Moelleux : ...../5

Acidité : ...../5 Intensité des goûts : ...../5

Odeurs

○ Cuir
○ Clou de girofle
○ Vanille
○ Caramel
○ Pain grillé
○ Champignon
○ ....

○ Résine
○ Miel
○ Menthe
○ Fumé
○ Floral
○ Cannelle
○ ....

○ Muscade
○ Goudron
○ Truffe
○ Chêne
○ Argile
○ Réglisse
○ ....

○ Cacao
○ Cèdre
○ Café
○ Poivre
○ Tabac
○ Foin
○ ....

Arômes

○ Clou de girofle
○ Cannelle
○ Champignon
○ Pain grillé
○ Réglisse
○ Muscade
○ ....

○ Vanille
○ Menthe
○ Truffe
○ Résine
○ Poivre
○ Cuir
○ ....

○ Floral
○ Caramel
○ Goudron
○ Argile
○ Tabac
○ Cacao
○ ....

○ Foin
○ Fumé
○ Miel
○ Chêne
○ Cèdre
○ Café

Note : ☆ ☆ ☆ ☆ ☆

Commentaire : ....
....
....

Dégustation N°37

Date : ....

Nom du vins : ....

Année : .... Origine : ....

Région : .... Cépage : ....

% d'alcool : .... Prix : ....

Corps : ...../5   Brillance : ...../5   Limpidité : ...../5

Douceur : ...../5   Attaque : ...../5   Moelleux : ...../5

Acidité : ...../5   Intensité des goûts : ...../5

Odeurs

- ○ Cuir
- ○ Clou de girofle
- ○ Vanille
- ○ Caramel
- ○ Pain grillé
- ○ Champignon
- ○ ....

- ○ Résine
- ○ Miel
- ○ Menthe
- ○ Fumé
- ○ Floral
- ○ Cannelle
- ○ ....

- ○ Muscade
- ○ Goudron
- ○ Truffe
- ○ Chêne
- ○ Argile
- ○ Réglisse
- ○ ....

- ○ Cacao
- ○ Cèdre
- ○ Café
- ○ Poivre
- ○ Tabac
- ○ Foin
- ○ ....

Arômes

- ○ Clou de girofle
- ○ Cannelle
- ○ Champignon
- ○ Pain grillé
- ○ Réglisse
- ○ Muscade
- ○ ....

- ○ Vanille
- ○ Menthe
- ○ Truffe
- ○ Résine
- ○ Poivre
- ○ Cuir
- ○ ....

- ○ Floral
- ○ Caramel
- ○ Goudron
- ○ Argile
- ○ Tabac
- ○ Cacao
- ○ ....

- ○ Foin
- ○ Fumé
- ○ Miel
- ○ Chêne
- ○ Cèdre
- ○ Café
- ○

Note : ☆ ☆ ☆ ☆ ☆

Commentaire : ....

....

....

Dégustation N°38

Date : ....

Nom du vins : ....

Année : .... Origine : ....

Région : .... Cépage : ....

% d'alcool : .... Prix : ....

Corps : ...../5   Brillance : ...../5   Limpidité : ...../5

Douceur : ...../5   Attaque : ...../5   Moelleux : ...../5

Acidité : ...../5   Intensité des goûts : ...../5

Odeurs

◯ Cuir   ◯ Résine   ◯ Muscade   ◯ Cacao
◯ Clou de girofle   ◯ Miel   ◯ Goudron   ◯ Cèdre
◯ Vanille   ◯ Menthe   ◯ Truffe   ◯ Café
◯ Caramel   ◯ Fumé   ◯ Chêne   ◯ Poivre
◯ Pain grillé   ◯ Floral   ◯ Argile   ◯ Tabac
◯ Champignon   ◯ Cannelle   ◯ Réglisse   ◯ Foin
◯ ....   ◯ ....   ◯ ....   ◯ ....

Arômes

◯ Clou de girofle   ◯ Vanille   ◯ Floral   ◯ Foin
◯ Cannelle   ◯ Menthe   ◯ Caramel   ◯ Fumé
◯ Champignon   ◯ Truffe   ◯ Goudron   ◯ Miel
◯ Pain grillé   ◯ Résine   ◯ Argile   ◯ Chêne
◯ Réglisse   ◯ Poivre   ◯ Tabac   ◯ Cèdre
◯ Muscade   ◯ Cuir   ◯ Cacao   ◯ Café
◯ ....   ◯ ....   ◯ ....

Note : ☆ ☆ ☆ ☆ ☆

Commentaire : ....
....
....

Dégustation N°39

Date : ....

Nom du vins : ....

Année : .... Origine : ....

Région : .... Cépage : ....

% d'alcool : .... Prix : ....

Corps : ...../5   Brillance : ...../5   Limpidité : ...../5

Douceur : ...../5   Attaque : ...../5   Moelleux : ...../5

Acidité : ...../5   Intensité des goûts : ...../5

Odeurs

- ◯ Cuir
- ◯ Clou de girofle
- ◯ Vanille
- ◯ Caramel
- ◯ Pain grillé
- ◯ Champignon
- ◯ ....

- ◯ Résine
- ◯ Miel
- ◯ Menthe
- ◯ Fumé
- ◯ Floral
- ◯ Cannelle
- ◯ ....

- ◯ Muscade
- ◯ Goudron
- ◯ Truffe
- ◯ Chêne
- ◯ Argile
- ◯ Réglisse
- ◯ ....

- ◯ Cacao
- ◯ Cèdre
- ◯ Café
- ◯ Poivre
- ◯ Tabac
- ◯ Foin
- ◯ ....

Arômes

- ◯ Clou de girofle
- ◯ Cannelle
- ◯ Champignon
- ◯ Pain grillé
- ◯ Réglisse
- ◯ Muscade
- ◯ ....

- ◯ Vanille
- ◯ Menthe
- ◯ Truffe
- ◯ Résine
- ◯ Poivre
- ◯ Cuir
- ◯ ....

- ◯ Floral
- ◯ Caramel
- ◯ Goudron
- ◯ Argile
- ◯ Tabac
- ◯ Cacao
- ◯ ....

- ◯ Foin
- ◯ Fumé
- ◯ Miel
- ◯ Chêne
- ◯ Cèdre
- ◯ Café

Note : ☆ ☆ ☆ ☆ ☆

Commentaire : ....

....

....

Dégustation N°40

Date : ....

Nom du vins : ....

Année : .... Origine : ....

Région : .... Cépage : ....

% d'alcool : .... Prix : ....

Corps : ...../5   Brillance : ...../5   Limpidité : ...../5

Douceur : ...../5   Attaque : ...../5   Moelleux : ...../5

Acidité : ...../5   Intensité des goûts : ...../5

Odeurs

○ Cuir   ○ Résine   ○ Muscade   ○ Cacao
○ Clou de girofle ○ Miel   ○ Goudron   ○ Cèdre
○ Vanille   ○ Menthe   ○ Truffe   ○ Café
○ Caramel   ○ Fumé   ○ Chêne   ○ Poivre
○ Pain grillé   ○ Floral   ○ Argile   ○ Tabac
○ Champignon   ○ Cannelle   ○ Réglisse   ○ Foin
○ .... ○ .... ○ .... ○ ....

Arômes

○ Clou de girofle ○ Vanille   ○ Floral   ○ Foin
○ Cannelle   ○ Menthe   ○ Caramel   ○ Fumé
○ Champignon   ○ Truffe   ○ Goudron   ○ Miel
○ Pain grillé   ○ Résine   ○ Argile   ○ Chêne
○ Réglisse   ○ Poivre   ○ Tabac   ○ Cèdre
○ Muscade   ○ Cuir   ○ Cacao   ○ Café
○ .... ○ .... ○ .... ○ ....

Note : ☆ ☆ ☆ ☆ ☆

Commentaire : ....
....
....

Dégustation N°41

Date : ....

Nom du vins : ....

Année : .... Origine : ....

Région : .... Cépage : ....

% d'alcool : .... Prix : ....

Corps : ...../5   Brillance : ...../5   Limpidité : ...../5

Douceur : ...../5   Attaque : ...../5   Moelleux : ...../5

Acidité : ...../5   Intensité des goûts : ...../5

Odeurs

- ○ Cuir
- ○ Clou de girofle
- ○ Vanille
- ○ Caramel
- ○ Pain grillé
- ○ Champignon
- ○ ....

- ○ Résine
- ○ Miel
- ○ Menthe
- ○ Fumé
- ○ Floral
- ○ Cannelle
- ○ ....

- ○ Muscade
- ○ Goudron
- ○ Truffe
- ○ Chêne
- ○ Argile
- ○ Réglisse
- ○ ....

- ○ Cacao
- ○ Cèdre
- ○ Café
- ○ Poivre
- ○ Tabac
- ○ Foin
- ○ ....

Arômes

- ○ Clou de girofle
- ○ Cannelle
- ○ Champignon
- ○ Pain grillé
- ○ Réglisse
- ○ Muscade
- ○ ....

- ○ Vanille
- ○ Menthe
- ○ Truffe
- ○ Résine
- ○ Poivre
- ○ Cuir
- ○ ....

- ○ Floral
- ○ Caramel
- ○ Goudron
- ○ Argile
- ○ Tabac
- ○ Cacao
- ○ ....

- ○ Foin
- ○ Fumé
- ○ Miel
- ○ Chêne
- ○ Cèdre
- ○ Café

Note : ☆ ☆ ☆ ☆ ☆

Commentaire : ....

....

....

Dégustation N°42   Date : ....

Nom du vins : ....

Année : ....   Origine : ....

Région : ....   Cépage : ....

% d'alcool : ....   Prix : ....

Corps : ...../5   Brillance : ...../5   Limpidité : ...../5

Douceur : ...../5   Attaque : ...../5   Moelleux : ...../5

Acidité : ...../5   Intensité des goûts : ...../5

Odeurs

○ Cuir	○ Résine	○ Muscade	○ Cacao
○ Clou de girofle	○ Miel	○ Goudron	○ Cèdre
○ Vanille	○ Menthe	○ Truffe	○ Café
○ Caramel	○ Fumé	○ Chêne	○ Poivre
○ Pain grillé	○ Floral	○ Argile	○ Tabac
○ Champignon	○ Cannelle	○ Réglisse	○ Foin
○	○	○	○ ....

Arômes

○ Clou de girofle	○ Vanille	○ Floral	○ Foin
○ Cannelle	○ Menthe	○ Caramel	○ Fumé
○ Champignon	○ Truffe	○ Goudron	○ Miel
○ Pain grillé	○ Résine	○ Argile	○ Chêne
○ Réglisse	○ Poivre	○ Tabac	○ Cèdre
○ Muscade	○ Cuir	○ Cacao	○ Café
○	○	○	

Note : ☆ ☆ ☆ ☆ ☆

Commentaire : ....

....

....

Dégustation N°43

Date : ....

Nom du vins : ....

Année : .... Origine : ....

Région : .... Cépage : ....

% d'alcool : .... Prix : ....

Corps : ...../5 Brillance : ...../5 Limpidité : ...../5

Douceur : ...../5 Attaque : ...../5 Moelleux : ...../5

Acidité : ...../5 Intensité des goûts : ...../5

Odeurs

- ○ Cuir
- ○ Clou de girofle
- ○ Vanille
- ○ Caramel
- ○ Pain grillé
- ○ Champignon
- ○ ....

- ○ Résine
- ○ Miel
- ○ Menthe
- ○ Fumé
- ○ Floral
- ○ Cannelle
- ○ ....

- ○ Muscade
- ○ Goudron
- ○ Truffe
- ○ Chêne
- ○ Argile
- ○ Réglisse
- ○ ....

- ○ Cacao
- ○ Cèdre
- ○ Café
- ○ Poivre
- ○ Tabac
- ○ Foin
- ○ ....

Arômes

- ○ Clou de girofle
- ○ Cannelle
- ○ Champignon
- ○ Pain grillé
- ○ Réglisse
- ○ Muscade
- ○ ....

- ○ Vanille
- ○ Menthe
- ○ Truffe
- ○ Résine
- ○ Poivre
- ○ Cuir
- ○ ....

- ○ Floral
- ○ Caramel
- ○ Goudron
- ○ Argile
- ○ Tabac
- ○ Cacao
- ○ ....

- ○ Foin
- ○ Fumé
- ○ Miel
- ○ Chêne
- ○ Cèdre
- ○ Café

Note : ☆ ☆ ☆ ☆ ☆

Commentaire : ....

....

....

Dégustation N°44

Date : ....

Nom du vins : ....

Année : .... Origine : ....

Région : .... Cépage : ....

% d'alcool : .... Prix : ....

Corps : ...../5   Brillance : ...../5   Limpidité : ...../5

Douceur : ...../5   Attaque : ...../5   Moelleux : ...../5

Acidité : ...../5   Intensité des goûts : ...../5

Odeurs

○ Cuir
○ Clou de girofle
○ Vanille
○ Caramel
○ Pain grillé
○ Champignon
○ ....

○ Résine
○ Miel
○ Menthe
○ Fumé
○ Floral
○ Cannelle
○ ....

○ Muscade
○ Goudron
○ Truffe
○ Chêne
○ Argile
○ Réglisse
○ ....

○ Cacao
○ Cèdre
○ Café
○ Poivre
○ Tabac
○ Foin
○ ....

Arômes

○ Clou de girofle
○ Cannelle
○ Champignon
○ Pain grillé
○ Réglisse
○ Muscade
○ ....

○ Vanille
○ Menthe
○ Truffe
○ Résine
○ Poivre
○ Cuir
○ ....

○ Floral
○ Caramel
○ Goudron
○ Argile
○ Tabac
○ Cacao
○ ....

○ Foin
○ Fumé
○ Miel
○ Chêne
○ Cèdre
○ Café

Note : ☆ ☆ ☆ ☆ ☆

Commentaire : ....
....
....

Dégustation N°45

Date : ....

Nom du vins : ....

Année : .... Origine : ....

Région : .... Cépage : ....

% d'alcool : .... Prix : ....

Corps : ...../5   Brillance : ...../5   Limpidité : ...../5

Douceur : ...../5   Attaque : ...../5   Moelleux : ...../5

Acidité : ...../5   Intensité des goûts : ...../5

Odeurs

○ Cuir
○ Clou de girofle
○ Vanille
○ Caramel
○ Pain grillé
○ Champignon
○ ....

○ Résine
○ Miel
○ Menthe
○ Fumé
○ Floral
○ Cannelle
○ ....

○ Muscade
○ Goudron
○ Truffe
○ Chêne
○ Argile
○ Réglisse
○ ....

○ Cacao
○ Cèdre
○ Café
○ Poivre
○ Tabac
○ Foin
○ ....

Arômes

○ Clou de girofle
○ Cannelle
○ Champignon
○ Pain grillé
○ Réglisse
○ Muscade
○ ....

○ Vanille
○ Menthe
○ Truffe
○ Résine
○ Poivre
○ Cuir
○ ....

○ Floral
○ Caramel
○ Goudron
○ Argile
○ Tabac
○ Cacao
○ ....

○ Foin
○ Fumé
○ Miel
○ Chêne
○ Cèdre
○ Café

Note : ☆ ☆ ☆ ☆ ☆

Commentaire : ....
....
....

Dégustation N°46   Date : ....

Nom du vins : ....

Année : ....   Origine : ....

Région : ....   Cépage : ....

% d'alcool : ....   Prix : ....

Corps : ...../5   Brillance : ...../5   Limpidité : ...../5

Douceur : ...../5   Attaque : ...../5   Moelleux : ...../5

Acidité : ...../5   Intensité des goûts : ...../5

Odeurs

○ Cuir ○ Résine ○ Muscade ○ Cacao
○ Clou de girofle ○ Miel ○ Goudron ○ Cèdre
○ Vanille ○ Menthe ○ Truffe ○ Café
○ Caramel ○ Fumé ○ Chêne ○ Poivre
○ Pain grillé ○ Floral ○ Argile ○ Tabac
○ Champignon ○ Cannelle ○ Réglisse ○ Foin
○ .... ○ .... ○ .... ○ ....

Arômes

○ Clou de girofle ○ Vanille ○ Floral ○ Foin
○ Cannelle ○ Menthe ○ Caramel ○ Fumé
○ Champignon ○ Truffe ○ Goudron ○ Miel
○ Pain grillé ○ Résine ○ Argile ○ Chêne
○ Réglisse ○ Poivre ○ Tabac ○ Cèdre
○ Muscade ○ Cuir ○ Cacao ○ Café
○ .... ○ .... ○ .... ○ ....

Note : ☆ ☆ ☆ ☆ ☆

Commentaire : ....

....

Dégustation N°47

Date : ....

Nom du vins : ....

Année : .... Origine : ....

Région : .... Cépage : ....

% d'alcool : .... Prix : ....

Corps : ...../5 Brillance : ...../5 Limpidité : ...../5

Douceur : ...../5 Attaque : ...../5 Moelleux : ...../5

Acidité : ...../5 Intensité des goûts : ...../5

Odeurs

- ○ Cuir
- ○ Clou de girofle
- ○ Vanille
- ○ Caramel
- ○ Pain grillé
- ○ Champignon
- ○ ....

- ○ Résine
- ○ Miel
- ○ Menthe
- ○ Fumé
- ○ Floral
- ○ Cannelle
- ○ ....

- ○ Muscade
- ○ Goudron
- ○ Truffe
- ○ Chêne
- ○ Argile
- ○ Réglisse
- ○ ....

- ○ Cacao
- ○ Cèdre
- ○ Café
- ○ Poivre
- ○ Tabac
- ○ Foin
- ○ ....

Arômes

- ○ Clou de girofle
- ○ Cannelle
- ○ Champignon
- ○ Pain grillé
- ○ Réglisse
- ○ Muscade
- ○ ....

- ○ Vanille
- ○ Menthe
- ○ Truffe
- ○ Résine
- ○ Poivre
- ○ Cuir
- ○ ....

- ○ Floral
- ○ Caramel
- ○ Goudron
- ○ Argile
- ○ Tabac
- ○ Cacao
- ○ ....

- ○ Foin
- ○ Fumé
- ○ Miel
- ○ Chêne
- ○ Cèdre
- ○ Café

Note : ☆ ☆ ☆ ☆ ☆

Commentaire : ....
....
....

Dégustation N°48

Date : ....

Nom du vins : ....

Année : .... Origine : ....

Région : .... Cépage : ....

% d'alcool : .... Prix : ....

Corps : ...../5 Brillance : ...../5 Limpidité : ...../5

Douceur : ...../5 Attaque : ...../5 Moelleux : ...../5

Acidité : ...../5 Intensité des goûts : ...../5

Odeurs

- ○ Cuir
- ○ Clou de girofle
- ○ Vanille
- ○ Caramel
- ○ Pain grillé
- ○ Champignon
- ○ ....

- ○ Résine
- ○ Miel
- ○ Menthe
- ○ Fumé
- ○ Floral
- ○ Cannelle
- ○ ....

- ○ Muscade
- ○ Goudron
- ○ Truffe
- ○ Chêne
- ○ Argile
- ○ Réglisse
- ○ ....

- ○ Cacao
- ○ Cèdre
- ○ Café
- ○ Poivre
- ○ Tabac
- ○ Foin
- ○ ....

Arômes

- ○ Clou de girofle
- ○ Cannelle
- ○ Champignon
- ○ Pain grillé
- ○ Réglisse
- ○ Muscade
- ○ ....

- ○ Vanille
- ○ Menthe
- ○ Truffe
- ○ Résine
- ○ Poivre
- ○ Cuir
- ○ ....

- ○ Floral
- ○ Caramel
- ○ Goudron
- ○ Argile
- ○ Tabac
- ○ Cacao
- ○ ....

- ○ Foin
- ○ Fumé
- ○ Miel
- ○ Chêne
- ○ Cèdre
- ○ Café

Note : ☆ ☆ ☆ ☆ ☆

Commentaire : ....
....
....

Dégustation N°49

Date : ....

Nom du vins : ....

Année : .... Origine : ....

Région : .... Cépage : ....

% d'alcool : .... Prix : ....

Corps : ...../5 Brillance : ...../5 Limpidité : ...../5

Douceur : ...../5 Attaque : ...../5 Moelleux : ...../5

Acidité : ...../5 Intensité des goûts : ...../5

Odeurs

- ○ Cuir
- ○ Clou de girofle
- ○ Vanille
- ○ Caramel
- ○ Pain grillé
- ○ Champignon
- ○ ....

- ○ Résine
- ○ Miel
- ○ Menthe
- ○ Fumé
- ○ Floral
- ○ Cannelle
- ○ ....

- ○ Muscade
- ○ Goudron
- ○ Truffe
- ○ Chêne
- ○ Argile
- ○ Réglisse
- ○ ....

- ○ Cacao
- ○ Cèdre
- ○ Café
- ○ Poivre
- ○ Tabac
- ○ Foin
- ○ ....

Arômes

- ○ Clou de girofle
- ○ Cannelle
- ○ Champignon
- ○ Pain grillé
- ○ Réglisse
- ○ Muscade
- ○ ....

- ○ Vanille
- ○ Menthe
- ○ Truffe
- ○ Résine
- ○ Poivre
- ○ Cuir
- ○ ....

- ○ Floral
- ○ Caramel
- ○ Goudron
- ○ Argile
- ○ Tabac
- ○ Cacao
- ○ ....

- ○ Foin
- ○ Fumé
- ○ Miel
- ○ Chêne
- ○ Cèdre
- ○ Café

Note : ☆ ☆ ☆ ☆ ☆

Commentaire : ....

....

....

Dégustation N°50

Date : ....

Nom du vins : ....

Année : .... Origine : ....

Région : .... Cépage : ....

% d'alcool : .... Prix : ....

Corps : ...../5 Brillance : ...../5 Limpidité : ...../5

Douceur : ...../5 Attaque : ...../5 Moelleux : ...../5

Acidité : ...../5 Intensité des goûts : ...../5

Odeurs

○ Cuir
○ Clou de girofle
○ Vanille
○ Caramel
○ Pain grillé
○ Champignon
○ ....

○ Résine
○ Miel
○ Menthe
○ Fumé
○ Floral
○ Cannelle
○ ....

○ Muscade
○ Goudron
○ Truffe
○ Chêne
○ Argile
○ Réglisse
○ ....

○ Cacao
○ Cèdre
○ Café
○ Poivre
○ Tabac
○ Foin
○ ....

Arômes

○ Clou de girofle
○ Cannelle
○ Champignon
○ Pain grillé
○ Réglisse
○ Muscade
○ ....

○ Vanille
○ Menthe
○ Truffe
○ Résine
○ Poivre
○ Cuir
○ ....

○ Floral
○ Caramel
○ Goudron
○ Argile
○ Tabac
○ Cacao
○ ....

○ Foin
○ Fumé
○ Miel
○ Chêne
○ Cèdre
○ Café

Note : ☆ ☆ ☆ ☆ ☆

Commentaire : ....

....

....

Dégustation N°51

Date : ....

Nom du vins : ....

Année : .... Origine : ....

Région : .... Cépage : ....

% d'alcool : .... Prix : ....

Corps : ...../5   Brillance : ...../5   Limpidité : ...../5

Douceur : ...../5   Attaque : ...../5   Moelleux : ...../5

Acidité : ...../5   Intensité des goûts : ...../5

Odeurs

○ Cuir	○ Résine	○ Muscade	○ Cacao
○ Clou de girofle	○ Miel	○ Goudron	○ Cèdre
○ Vanille	○ Menthe	○ Truffe	○ Café
○ Caramel	○ Fumé	○ Chêne	○ Poivre
○ Pain grillé	○ Floral	○ Argile	○ Tabac
○ Champignon	○ Cannelle	○ Réglisse	○ Foin
○	○	○	○ ....

Arômes

○ Clou de girofle	○ Vanille	○ Floral	○ Foin
○ Cannelle	○ Menthe	○ Caramel	○ Fumé
○ Champignon	○ Truffe	○ Goudron	○ Miel
○ Pain grillé	○ Résine	○ Argile	○ Chêne
○ Réglisse	○ Poivre	○ Tabac	○ Cèdre
○ Muscade	○ Cuir	○ Cacao	○ Café
○	○	○	

Note : ☆ ☆ ☆ ☆ ☆

Commentaire : ....
....
....

Dégustation N°52

Date : ....

Nom du vins : ....

Année : .... Origine : ....

Région : .... Cépage : ....

% d'alcool : .... Prix : ....

Corps : ...../5   Brillance : ...../5   Limpidité : ...../5

Douceur : ...../5   Attaque : ...../5   Moelleux : ...../5

Acidité : ...../5   Intensité des goûts : ...../5

Odeurs

○ Cuir
○ Clou de girofle
○ Vanille
○ Caramel
○ Pain grillé
○ Champignon
○ ....

○ Résine
○ Miel
○ Menthe
○ Fumé
○ Floral
○ Cannelle
○ ....

○ Muscade
○ Goudron
○ Truffe
○ Chêne
○ Argile
○ Réglisse
○ ....

○ Cacao
○ Cèdre
○ Café
○ Poivre
○ Tabac
○ Foin
○ ....

Arômes

○ Clou de girofle
○ Cannelle
○ Champignon
○ Pain grillé
○ Réglisse
○ Muscade
○ ....

○ Vanille
○ Menthe
○ Truffe
○ Résine
○ Poivre
○ Cuir
○ ....

○ Floral
○ Caramel
○ Goudron
○ Argile
○ Tabac
○ Cacao
○ ....

○ Foin
○ Fumé
○ Miel
○ Chêne
○ Cèdre
○ Café

Note : ☆ ☆ ☆ ☆ ☆

Commentaire : ....

....

....

Dégustation N°53

Date : ....

Nom du vins : ....

Année : .... Origine : ....

Région : .... Cépage : ....

% d'alcool : .... Prix : ....

Corps : ...../5   Brillance : ...../5   Limpidité : ...../5

Douceur : ...../5   Attaque : ...../5   Moelleux : ...../5

Acidité : ...../5   Intensité des goûts : ...../5

Odeurs

○ Cuir   ○ Résine   ○ Muscade   ○ Cacao
○ Clou de girofle   ○ Miel   ○ Goudron   ○ Cèdre
○ Vanille   ○ Menthe   ○ Truffe   ○ Café
○ Caramel   ○ Fumé   ○ Chêne   ○ Poivre
○ Pain grillé   ○ Floral   ○ Argile   ○ Tabac
○ Champignon   ○ Cannelle   ○ Réglisse   ○ Foin
○ ....   ○ ....   ○ ....   ○ ....

Arômes

○ Clou de girofle   ○ Vanille   ○ Floral   ○ Foin
○ Cannelle   ○ Menthe   ○ Caramel   ○ Fumé
○ Champignon   ○ Truffe   ○ Goudron   ○ Miel
○ Pain grillé   ○ Résine   ○ Argile   ○ Chêne
○ Réglisse   ○ Poivre   ○ Tabac   ○ Cèdre
○ Muscade   ○ Cuir   ○ Cacao   ○ Café
○ ....   ○ ....   ○ ....

Note : ☆ ☆ ☆ ☆ ☆

Commentaire : ....

....

....

Dégustation N°54

Date : ....

Nom du vins : ....

Année : .... Origine : ....

Région : .... Cépage : ....

% d'alcool : .... Prix : ....

Corps : ...../5 Brillance : ...../5 Limpidité : ...../5

Douceur : ...../5 Attaque : ...../5 Moelleux : ...../5

Acidité : ...../5 Intensité des goûts : ...../5

Odeurs

○ Cuir ○ Résine ○ Muscade ○ Cacao
○ Clou de girofle ○ Miel ○ Goudron ○ Cèdre
○ Vanille ○ Menthe ○ Truffe ○ Café
○ Caramel ○ Fumé ○ Chêne ○ Poivre
○ Pain grillé ○ Floral ○ Argile ○ Tabac
○ Champignon ○ Cannelle ○ Réglisse ○ Foin
○ .... ○ .... ○ .... ○ ....

Arômes

○ Clou de girofle ○ Vanille ○ Floral ○ Foin
○ Cannelle ○ Menthe ○ Caramel ○ Fumé
○ Champignon ○ Truffe ○ Goudron ○ Miel
○ Pain grillé ○ Résine ○ Argile ○ Chêne
○ Réglisse ○ Poivre ○ Tabac ○ Cèdre
○ Muscade ○ Cuir ○ Cacao ○ Café
○ .... ○ .... ○ ....

Note : ☆ ☆ ☆ ☆ ☆

Commentaire : ....
....
....

Dégustation N°55

Date : ....

Nom du vins : ....

Année : .... Origine : ....

Région : .... Cépage : ....

% d'alcool : .... Prix : ....

Corps : ...../5   Brillance : ...../5   Limpidité : ...../5

Douceur : ...../5   Attaque : ...../5   Moelleux : ...../5

Acidité : ...../5   Intensité des goûts : ...../5

Odeurs

○ Cuir
○ Clou de girofle
○ Vanille
○ Caramel
○ Pain grillé
○ Champignon
○ ....

○ Résine
○ Miel
○ Menthe
○ Fumé
○ Floral
○ Cannelle
○ ....

○ Muscade
○ Goudron
○ Truffe
○ Chêne
○ Argile
○ Réglisse
○ ....

○ Cacao
○ Cèdre
○ Café
○ Poivre
○ Tabac
○ Foin
○ ....

Arômes

○ Clou de girofle
○ Cannelle
○ Champignon
○ Pain grillé
○ Réglisse
○ Muscade
○ ....

○ Vanille
○ Menthe
○ Truffe
○ Résine
○ Poivre
○ Cuir
○ ....

○ Floral
○ Caramel
○ Goudron
○ Argile
○ Tabac
○ Cacao
○ ....

○ Foin
○ Fumé
○ Miel
○ Chêne
○ Cèdre
○ Café

Note : ☆ ☆ ☆ ☆ ☆

Commentaire : ....

....

....

Dégustation N°56

Date : ....

Nom du vins : ....

Année : .... Origine : ....

Région : .... Cépage : ....

% d'alcool : .... Prix : ....

Corps : ...../5   Brillance : ...../5   Limpidité : ...../5

Douceur : ...../5   Attaque : ...../5   Moelleux : ...../5

Acidité : ...../5   Intensité des goûts : ...../5

Odeurs

- ◯ Cuir
- ◯ Clou de girofle
- ◯ Vanille
- ◯ Caramel
- ◯ Pain grillé
- ◯ Champignon
- ◯ ....

- ◯ Résine
- ◯ Miel
- ◯ Menthe
- ◯ Fumé
- ◯ Floral
- ◯ Cannelle
- ◯ ....

- ◯ Muscade
- ◯ Goudron
- ◯ Truffe
- ◯ Chêne
- ◯ Argile
- ◯ Réglisse
- ◯ ....

- ◯ Cacao
- ◯ Cèdre
- ◯ Café
- ◯ Poivre
- ◯ Tabac
- ◯ Foin
- ◯ ....

Arômes

- ◯ Clou de girofle
- ◯ Cannelle
- ◯ Champignon
- ◯ Pain grillé
- ◯ Réglisse
- ◯ Muscade
- ◯ ....

- ◯ Vanille
- ◯ Menthe
- ◯ Truffe
- ◯ Résine
- ◯ Poivre
- ◯ Cuir
- ◯ ....

- ◯ Floral
- ◯ Caramel
- ◯ Goudron
- ◯ Argile
- ◯ Tabac
- ◯ Cacao
- ◯ ....

- ◯ Foin
- ◯ Fumé
- ◯ Miel
- ◯ Chêne
- ◯ Cèdre
- ◯ Café

Note : ☆ ☆ ☆ ☆ ☆

Commentaire : ....
....
....

Dégustation N°57

Date : ....

Nom du vins : ....

Année : .... Origine : ....

Région : .... Cépage : ....

% d'alcool : .... Prix : ....

Corps : ...../5 Brillance : ...../5 Limpidité : ...../5

Douceur : ...../5 Attaque : ...../5 Moelleux : ...../5

Acidité : ...../5 Intensité des goûts : ...../5

Odeurs

○ Cuir
○ Clou de girofle
○ Vanille
○ Caramel
○ Pain grillé
○ Champignon
○ ....

○ Résine
○ Miel
○ Menthe
○ Fumé
○ Floral
○ Cannelle
○ ....

○ Muscade
○ Goudron
○ Truffe
○ Chêne
○ Argile
○ Réglisse
○ ....

○ Cacao
○ Cèdre
○ Café
○ Poivre
○ Tabac
○ Foin
○ ....

Arômes

○ Clou de girofle
○ Cannelle
○ Champignon
○ Pain grillé
○ Réglisse
○ Muscade
○ ....

○ Vanille
○ Menthe
○ Truffe
○ Résine
○ Poivre
○ Cuir
○ ....

○ Floral
○ Caramel
○ Goudron
○ Argile
○ Tabac
○ Cacao
○ ....

○ Foin
○ Fumé
○ Miel
○ Chêne
○ Cèdre
○ Café

Note : ☆ ☆ ☆ ☆ ☆

Commentaire : ....
....
....

Dégustation N°58　　　　Date : ....

Nom du vins : ....

Année : ....　　Origine : ....

Région : ....　　Cépage : ....

% d'alcool : ....　　Prix : ....

Corps : ...../5　　Brillance : ...../5　　Limpidité : ...../5

Douceur : ...../5　　Attaque : ...../5　　Moelleux : ...../5

Acidité : ...../5　　　　Intensité des goûts : ...../5

Odeurs

○ Cuir
○ Clou de girofle
○ Vanille
○ Caramel
○ Pain grillé
○ Champignon
○ ....

○ Résine
○ Miel
○ Menthe
○ Fumé
○ Floral
○ Cannelle
○ ....

○ Muscade
○ Goudron
○ Truffe
○ Chêne
○ Argile
○ Réglisse
○ ....

○ Cacao
○ Cèdre
○ Café
○ Poivre
○ Tabac
○ Foin
○ ....

Arômes

○ Clou de girofle
○ Cannelle
○ Champignon
○ Pain grillé
○ Réglisse
○ Muscade
○ ....

○ Vanille
○ Menthe
○ Truffe
○ Résine
○ Poivre
○ Cuir
○ ....

○ Floral
○ Caramel
○ Goudron
○ Argile
○ Tabac
○ Cacao
○ ....

○ Foin
○ Fumé
○ Miel
○ Chêne
○ Cèdre
○ Café

Note : ☆ ☆ ☆ ☆ ☆

Commentaire : ....
....
....

Dégustation N°59

Date : ....

Nom du vins : ....

Année : .... Origine : ....

Région : .... Cépage : ....

% d'alcool : .... Prix : ....

Corps : ...../5 Brillance : ...../5 Limpidité : ...../5

Douceur : ...../5 Attaque : ...../5 Moelleux : ...../5

Acidité : ...../5 Intensité des goûts : ...../5

Odeurs

- ○ Cuir
- ○ Clou de girofle
- ○ Vanille
- ○ Caramel
- ○ Pain grillé
- ○ Champignon
- ○ ....

- ○ Résine
- ○ Miel
- ○ Menthe
- ○ Fumé
- ○ Floral
- ○ Cannelle
- ○ ....

- ○ Muscade
- ○ Goudron
- ○ Truffe
- ○ Chêne
- ○ Argile
- ○ Réglisse
- ○ ....

- ○ Cacao
- ○ Cèdre
- ○ Café
- ○ Poivre
- ○ Tabac
- ○ Foin
- ○ ....

Arômes

- ○ Clou de girofle
- ○ Cannelle
- ○ Champignon
- ○ Pain grillé
- ○ Réglisse
- ○ Muscade
- ○ ....

- ○ Vanille
- ○ Menthe
- ○ Truffe
- ○ Résine
- ○ Poivre
- ○ Cuir
- ○ ....

- ○ Floral
- ○ Caramel
- ○ Goudron
- ○ Argile
- ○ Tabac
- ○ Cacao
- ○ ....

- ○ Foin
- ○ Fumé
- ○ Miel
- ○ Chêne
- ○ Cèdre
- ○ Café

Note : ☆ ☆ ☆ ☆ ☆

Commentaire : ....

....

....

Dégustation N°60

Date : ....

Nom du vins : ....

Année : .... Origine : ....

Région : .... Cépage : ....

% d'alcool : .... Prix : ....

Corps : ...../5 Brillance : ...../5 Limpidité : ...../5

Douceur : ...../5 Attaque : ...../5 Moelleux : ...../5

Acidité : ...../5 Intensité des goûts : ...../5

Odeurs

- ○ Cuir
- ○ Clou de girofle
- ○ Vanille
- ○ Caramel
- ○ Pain grillé
- ○ Champignon
- ○ ....

- ○ Résine
- ○ Miel
- ○ Menthe
- ○ Fumé
- ○ Floral
- ○ Cannelle
- ○ ....

- ○ Muscade
- ○ Goudron
- ○ Truffe
- ○ Chêne
- ○ Argile
- ○ Réglisse
- ○ ....

- ○ Cacao
- ○ Cèdre
- ○ Café
- ○ Poivre
- ○ Tabac
- ○ Foin
- ○ ....

Arômes

- ○ Clou de girofle
- ○ Cannelle
- ○ Champignon
- ○ Pain grillé
- ○ Réglisse
- ○ Muscade
- ○ ....

- ○ Vanille
- ○ Menthe
- ○ Truffe
- ○ Résine
- ○ Poivre
- ○ Cuir
- ○ ....

- ○ Floral
- ○ Caramel
- ○ Goudron
- ○ Argile
- ○ Tabac
- ○ Cacao
- ○ ....

- ○ Foin
- ○ Fumé
- ○ Miel
- ○ Chêne
- ○ Cèdre
- ○ Café
- ○ ....

Note : ☆ ☆ ☆ ☆ ☆

Commentaire : ....

....

....

Printed in Great Britain
by Amazon